友だちを
つくるな

千田琢哉
Takuya Senda

PHP

プロローグ

人生で大切なことは、友だちを100人つくろうとしないことだ。

もしあなたが幸せな人生を歩みたければ、友だちを増やそうとしないことだ。

小学生の頃のように友だちを100人つくることを目標にしていると、あなたは確実に悩みの尽きない人生で幕を閉じるだろう。

なぜなら、友だちは100人つくれないからだ。

百歩譲って「私は100人の友だちがいます」と豪語する人がいたとしても、100人の友だち一人ひとりにそれぞれインタビューしたら露骨に嫌な顔をされるに違いない。

「自分は100人の友だちの中の一人に過ぎないのか……」と落胆する人もいるだろう。

「え!?　あの人とは一度名刺交換しただけの関係だけど……」と驚く人もいるだろう。

「冗談じゃない！　こっちはアイツのことを友だちなんて思っちゃいない」と怒り心頭に発する人もいるだろう。

今でも鮮明に憶えているのは、業界では誰もが知る超有名経営コンサルタントが〝親友〟として紹介してくれた評論家のところにインタビューに行き、「先生はコンサルタントの○○先生と親友らしいですが」と言った瞬間、顔色が豹変《ひょうへん》し激昂《げっこう》されたエピソードだ。

評論家はコンサルタントのことを親友どころか対等などとは思っていなかったらしく、頭の先から爪の先まで完全に見下していたのだ。

そのコンサルタントは一度名刺交換した相手のことをすべて〝親友〟よばわりしていた。

以上は私がコンサル時代に社長や著名人の友人を紹介してもらって、東奔《とうほん》西走《せいそう》しながら個別インタビューしてきた経験から浮き彫りになった事実だ。

どんなに人脈が広そうに見える人でも、友だちは100人できないのだ。

友だちを増やそうとすればするほどに、今いる友だちを疎《おろそ》かにしなければならなくなる。

友だちを増やそうとすればするほどに、すべての人間関係が希薄《きはく》になっていく。

友だちを増やそうとするのは、あちこちで浮気して保険をかけているのと同じ行為だ。

友だちを増やそうとすることは、それだけいやらしい行為だと気づくことだ。

これだけは断言してもいいが、友だちなんて苦労してつくるものではない。

少なくとも「友だちはたくさんつくらなければならない」という呪縛《じゅばく》から解き放たれることだ。

それどころか、あなたの友だちが少なければ少ないほど信頼される。

本書を読めば、まずあなた自身があなたの親友になるきっかけをつかめるだろう。

2015年6月吉日　南青山の書斎から　千田琢哉

友だちをつくるな　目次

PART 2

群れるから人生の悩みが増えるのだ

PART 3
まわりの運気まで下げる、こんな〝さげまん〟には要注意

PART 4

運気を上げる〝あげまん〟はここが違う

PART 5
孤高に輝くと、人生はこんなに楽しい

装丁――萩原弦一郎、橋本雪（デジカル）
カバー写真――©Susan Johann/Corbis /amanaimages
DTP――玉造能之、梶川元貴（デジカル）

PART 1

いま友だちがいなくても心配はいらない

親友はつくるものではなく、〝できちゃった〟もの。

01

最近は親友のいない人が急増中だ。

学生やサラリーマンたちは、普段あれだけウジャウジャ群がっているのに、親友がいない。

ラインやフェイスブックなどSNSで繋がっているように見えても、心で繋がっているわけではないようだ。

その証拠に、私のパソコンには「本当の友だちはいません」「親友はどうやってつくればいいのですか?」という悩み相談メールが、主に学生やサラリーマンたちからよく届く。

親友をつくるためのコツは簡単だ。

親友はつくるものではなく、できるものだとまず気づくことだ。

意図的につくるものではなく、〝できちゃった友だち〟こそ、真の友なのだ。

だから親友が欲しければ、自然体のあなたで生きるのが一番の早道だ。

自然体といっても、変化してはいけないとか、挑戦してはいけないということではない。

自然に変化したり挑戦したりしたくなれば、そうするのが自然体のあなただ。

ネクラなら、ネクラのままでいい。

ネクラのままではいけないなと思い、不器用にネアカを振る舞おうとするあなたもありのままのあなただ。

おしゃべりなら、おしゃべりのままでいい。

おしゃべりのままではいけないと思い、不器用に物静かに振る舞おうとするあなたもありのままのあなただ。

少女漫画オタクなら、少女漫画オタクのままでいい。

少女漫画オタクのままではいけないと思い、不器用に外に出て運動をしてみるあなたもありのままのあなただ。

私は物心ついてからこれまでに親友をつくろうとか、人脈を増やそうとか考えたことがただの一度もない。

あっちへうろうろ、こっちへうろうろしているプロセスで、親友が勝手にくっついてきたというのが、一点の曇りもない私の実感だ。
ただ自分の人生を一生懸命に生きてきた過程で、人生の節目で必ず親友に恵まれた。
親友というのは、お互いに同性なのに惚《ほ》れ合う関係だ。
異性で肉体関係のある大切な人が恋人で、同性で肉体関係のない大切な人が親友だ。

ネクラなら、ネクラのままでいい。
ありのままの、自然体で生きていけ。

親友との出逢いは、
いつも最悪だった。

02

映画や漫画で、主人公が運命の相手と出逢うシーンをよく観察してもらいたい。

たいていは最悪の出逢いのはずだ。

犬猿の仲だった者同士が恋人になって結ばれる。

会って早々殴り合いになった者同士が、最高のパートナーとなっていく。

「コイツだけはあり得ないな」と見下していた相手に、徐々に惹かれていく。

これらは決して架空の話ではない。

私自身の運命の出逢いを思い返してみても、美しくてロマンチックな出逢いはなかった。

パッとしない出逢いや恥かしい出逢い、目を背けたくなる不幸な出逢いばかりだった。

とりわけ親友ともなれば、最悪の出逢いばかりだった。

クラス替えがあって「コイツは一番嫌いなタイプだな」と直感した相手こそが、いつも親友になっていた。

席替えがあって「うわーつまんなさそー」と直感した相手こそが、なぜか親友になっていた。

今の私は強烈にネガティブな出逢いは、きっと運命の出逢いに違いないと期待している。

逆に絵に描いたようなスムーズな出逢いは、きっとたいした出逢いではないに違いないと思っているくらいだ。

もちろん最悪の出逢いが、本当に最悪の場合もあるだろう。

あるいはスムーズな出逢いが、とんとん拍子でいい話に発展することも多いだろう。

だが第一印象ですべてを判断していると、大きなチャンスを逃してしまうことがあまりにも多過ぎるということを、あなたには忘れてもらいたくないのだ。

第一印象が最悪だと思っている相手にもう一歩踏み込んでみたら、単に正直者なだけだということもある。

第一印象が最悪だと思っている相手としばらく付き合ってみたら、単に臆病者なだけだということもある。

第一印象が最悪だと思っている相手の話を我慢してよく聞いてみたら、お互いに大きな誤解をしていたということもある。

私の経験では第一印象が最悪だった相手は、半分の確率で単に不器用なだけだった。

私はこの半分の確率にかけて、とりあえず黙って一度は相手の話を傾聴《けいちょう》してみた。その結果、今、ここにいる。

第一印象でばかり判断していると、
大きなチャンスを逃してしまうことが多過ぎる。
とりあえず、一度は黙って相手の話に耳を傾けてみろ。

03

ずっと独りぼっちだった人間が、運命の出逢いに恵まれる。

運命の出逢いのチャンスを高めるためには、あるコツがある。

妥協せずにもうひと踏ん張りして、独りぼっちでいることだ。

歯を食いしばって独りぼっちでいれば、運命の出逢いのチャンスは飛躍的に高まる。

独りぼっちに耐え切れないで、つい妥協して群がってしまうと今度の運命の出逢いは10年後になってしまう。

妥協して群がっていると、あなたもその妥協グループの一員として見られるようになる。

せっかく運命の人が傍を通りかかっても「残念。あの人は四流の人だったのか……」と評価を下し、そのまま去ってしまう。

これがあらゆる出逢いの本質なのだ。

ただ寂しさを紛《まぎ》らすためだけに、妥協した連中とメェメェ群がっているくらいならば、あなたは迷わず独りぼっちを選ぶべきだ。

就活の面接で「友だちならたくさんいます」とアピールする人は、100

人中99人いる。

これではなんのアピールにもなっておらず、その他大勢ヒツジの群れ人生で終わる。

だが「友だちは1人もいません。ずっと独りぼっちでした」とあなたがアピールすれば、100人中1人の存在感を示して一瞬で突出できる。

きっと面接官たちはその他大勢のヒツジ連中などには目もくれないで、あなただけに質問を集中砲火させるはずだ。

面接官：「え!? 大学生活では何をやっていたの？」

あなた：「はい。映画を5000本鑑賞して本を一万冊読んでいました」

面接官：「凄《すご》いじゃないか！ はい、採用」

……となるかどうかは約束できないが、すべての学生の中で一番記憶に残る存在になることは間違いないだろう。

就活に限らず、人生の出逢いはすべてがオーディションだ。

オーディションではまず記憶に残る存在にならなければ、宇宙に存在しないのと同じだ。
記憶に残る存在になるためには、群れないことだ。
群れずに独りぼっちでいれば、とりあえず最高の存在感を示すことができる。
あとはあなたを評価してくれる人物に声をかけてもらえるかどうかである。
あるいはあなたが〝ピン！〟ときた独りぼっちの人物に声をかけてもいい。
独りぼっち同士であれば、お互いに畏敬《いけい》の念を持つことができるのだ。

寂しさを紛らすためだけの連中と群がっているくらいなら、迷わず独りぼっちを選べ。

04

どんなに歪んだ主張でも、必ず支持者が現れる。

あなたは気を遣うほうだろうか。

あなたがサラリーマンならある程度気を遣わなければならないだろうし、弱者なら気を遣うだけで人生を終えていくのもやむを得ないだろう。

ところが、もしあなたがまったく気を遣わなくても、それなりに人生は生きていけるものだという事実を知っておいてもらいたい。

その証拠に誰かがどんなに歪《ゆが》んだ主張をしようが、必ずそれを支持する人が現れる。

新興宗教で普通の大人が聞いたら「えー!?」と驚かされるような教祖の主張に対して、信者たちは喜んで我が身を犠牲にするものだ。

しかも信者たちの中には学歴エリートもいれば、社会的に立派な職業に就いて活躍している人も複数いる。

もちろん、ここで私は新興宗教の是非を問いたいのではない。

ヒトラーにせよ、フセインにせよ、ビン・ラーディンにせよ、一般に極悪人と評される人物たちは、間違いなくその時代にその国では絶大なカリスマ性を誇っていたのだ。

つまり圧倒的な数の支持者が存在したということなのだ。

きっと今から「よし、日本もこれから戦争をおっぱじめるぞ！」とSNSで主張すれば、すぐに「いいね！」を押してくれる支持者が殺到するに違いない。

きっと今から「よし、日本は今すぐ一夫多妻制を復活させるぞ！」とSNSで主張すれば、すぐに「いいね！」を押してくれる支持者が殺到するに違いない。

「こんなことを考える自分は異常じゃないか？」ということでも、勇気を持って叫べば、必ず支持者が現れるのが人間社会の不思議なところであり、奥の深いところだ。

いかに異常な思想でも、それを小説にしたり映画にしたりすれば、芸術作品として絶大な支持を受けることもある。

小説や映画の世界ではどれだけ人を殺そうが、いくら戦争を繰り返そうが自由なのだ。

そしてこれからは一万人に一人しか理解されないようなことでも、十分に飯を食っていける時代になっている。

例えば作家の世界では、本を出すたびに一万人に買ってもらえれば、それだけで十分に生活していくことができる。

メルマガ発行部数が一万部あれば、もはや一つのプチメディアとして生きていける。

あなたがどんなことを叫んでも、本当に孤立無援《こりつむえん》ということはまずあり得ないのだ。


今の時代は、一万人に一人しか理解されないことでも十分に飯を食っていける。

何を叫んでも孤立無援などあり得ない。

好き嫌いの激しい人が、親友に早く出逢える。

05

好き嫌いがあることはいけないことだと思い込んでいる人がいる。「好き嫌いはいけません」と両親や学校の先生から洗脳されたためだろう。しかもそうした洗脳の犠牲者は予想以上に多いようだ。

好き嫌いがあることは人として正常なことだし、好き嫌いがないことは人として異常なことだ。

確かに好き嫌いをむき出しにするのは見苦しいが、好き嫌いをなくす努力は必要ない。

好き嫌いは心の中で激しく燃やし続けることだ。

好き嫌いが激しくなると、次々にいいことが起こる。

まず喜怒哀楽が激しくなるから、頭の回転が向上するのだ。

表に出さないだけで頭の回転が速い人は例外なく喜怒哀楽が激しいものだ。

これまで私が出逢ってきたお金持ちや優れた経営者は、揃いも揃って喜怒哀楽が激しい人たちばかりだったが、上手にそれらの感情をコントロールする術を習得していた。

喜怒哀楽の激しさを自分のビジネスのサービスに活かしていた人が多かった。

喜怒哀楽が激しくなると、それだけ魅力的になる可能性も高くなるというわけだ。

次に好き嫌いが激しいと、容易に友だちをつくらないで済む。

容易に友だちをつくらないということは、いつも独りぼっちでいられるということだ。

いつも独りぼっちでいると、「これは！」という人と出逢ったらチャンスを逃さない。

ビビッときたら競争率1・0倍でチャンスを確実につかむことができる。

「嗚呼《ああ》、この人がアタリ！」と誰に教わるわけでもなく、一瞬でわかるのだ。

換言すれば、好き嫌いが激しいと、たとえ100人と出逢っても99人はすれ違いで終わるということだ。

それでいいのだ。

１００人のうちアタリなんて一人入っていれば御の字だから、その他99人とはどんどんすれ違いで終わるべきなのだ。

アタリに出逢うためにハズレの99人とはさっさとすれ違ってしまうことだ。最初からアタリに出逢う確率は１％だという事実を知っておけば、ハズレと出逢ってもいちいち落ち込む必要はないし、独りぼっちでいるのが楽しくなるはずだ。

親友との出逢いなんて商店街のガラガラくじのようなもので、ハズレを全部吐き出してしまったあとでいいと考えることだ。


独りぼっちでいるからこそ、人との出逢いのチャンスを逃さないものだ。ハズレても落ち込む必要はない。

06

もう一度会いたければ、別れ際に振り返るな。

もしあなたが「この人ともう一度会いたい」と真剣に思ったら、ぜひ次のことを試してもらいたい。

別れ際《ぎわ》に未練がましく振り返らないことだ。

例えば故郷に帰省した帰り道で両親に見送られる場合、背中から声が聞こえても決して振り返らないことだ。

振り返った瞬間、これが両親との最後になってしまうからだ。

あなたもこんなことは映画で散々教わったはずだ。

もし来年も両親と会いたいのであれば、あなたは歯を食いしばってでも振り返らないで勇気を持って名残惜しさを残すことだ。

そうすれば親はもう一年長生きして、あなたの顔を見たいと元気になるだろう。

たとえ病に倒れても、あなたに会うために懸命に生き抜くはずだ。

親に限らず、これは大切な人との別れ際もまったく同じである。

私の書斎を訪れた人たちには、帰りはエレベーターを一緒に降りてお見送りしている。
その際に別れ際に振り返る人と、振り返らない人がいる。
別れ際に振り返る人とは、それきりの関係で終わることが多い。
別れ際に振り返る人は、背中が暗いのが特徴だ。
別れ際に振り返らない人とは、関係が長続きすることが多い。
別れ際に振り返らない人は、背中に生命力が漲《みなぎ》っているのが特徴だ。
別れ際に振り返らない人は冷たい人だから振り返らないのではない。
本当は優しい人なのに、あえて勇気を持って振り返らないのだ。
振り返らないほうが、もう一度会えることを本能的に知っているからである。
そういえば、これまでに私が出逢ってきた素敵な人たちも別れ際に振り返らなかった。
素敵な経営者たちは、別れ際に決して振り返らなかった。
素敵な女性たちは、別れ際に決して振り返らなかった。

素敵な親友たちは、別れ際に決して振り返らなかった。
いつしか私も素敵な人たちの真似をするようになった。
「この人とはもう一度会いたい」という人には、別れ際に振り返らないようにした。
「この人とはもういいや」という人には、別れ際に振り返って丁寧に会釈した。
一度お試しあれ。

素敵な人たちは、あえて振り返らない。
勇気を持って、名残惜しさを残せ。

「お前を100%信用しているからな」で、ゲームオーバー。

07

人間というのはつくづく面白い生き物だと思う。

自分が思っていることと、逆のことをつい口にしてしまうからだ。

本当は好きな相手に対して、「大嫌い」と言ってしまう。

本当は反対なのに、「私もいいと思います」と言ってしまう。

本当は迷惑なのに、「ありがとうございます」と言ってしまう。

だからこそ人間関係を円滑に進めていける部分もあるのだから、あながち間違っていることばかりではない。

しかし大切な人に対してだけはちゃんと本心を伝えたほうがいい。

少なくとも本心を伝えられない相手は、親友ではない。

せっかく親友になりかけていた相手に、次のような悪魔の言葉を投げかけてしまう人があとを絶たない。

「俺たち、親友だよな」

「私たち、友だちよね」

こうしたセリフを相手に投げかけるのは、親友でも友だちでもない証拠だ。

自分が相手を信じられずに不安だから、その不安に耐え切れず墓穴《ぼけつ》を掘ってしまったのだ。

私がサラリーマン時代に全幅の信頼を置いていた上司から、あるトラブルの際にこんなセリフを投げかけられたことがある。

「お前を100%信用しているからな」

もちろん上司は紛れもなく私を疑っていたということだ。

100%信用している相手には、「信用」という言葉など不要だからだ。

これを聞いた瞬間、私は怒りや悲しみを微塵《みじん》も感じなかった。

怒りや悲しみを電光石火の如く突き抜けて、実に爽《さわ》やかで清々《すがすが》しい気分になったのだ。

これまでの私はこの上司を信用していたのではなく、依存していたという事実に気づかされた。

上司が私を裏切ったのではなく、私が上司に依存していただけなのにあたかも信用しているふりをして裏切っていたのだ。

この事実に気づかされた瞬間、私は自立できたように思う。
それ以来、私は大切な人に対して「信用」という言葉を使わなくなった。
「信用」という言葉は、本音では信用していない相手に使うものなのだから。

信用している相手に、「信用」という言葉は不要だ。
「友だちだよな」という言葉も同様に不要だ。

08

親友が一人いれば、70億人から嫌われても平気。

いつも独りぼっちでいるのに寂しそうじゃない人がいる。

いつも群がっている人たちにはとても理解し難いはずだ。

いつも群がっていると、独りぼっちになることがこの世で一番恐ろしいことになる。

いつも群がっていると、いつも群がっている世間がこの世のすべてになる。

いつも群がっていると、いつも群がっている世間から飛び出すのは死を意味するくらいにあり得ない恐怖に思えてくる。

群がれば群がるほどに、恐怖心は募っていくのだ。

ではいつも独りぼっちでいるのに、なぜ寂しくない人がいるのか。

理由はたった一つである。

親友が一人いるからだ。

さらにいえば、同性と異性にそれぞれ一人ずつ親友（異性の場合は恋人）がいれば、仮に世界中を敵に回しても平気なのだ。

だから素敵な人は颯爽《さっそう》と単独行動ができるのだ。

だから素敵な人は独りぼっちでも寂しそうじゃないのだ。

むしろ同性と異性にそれぞれ一人ずつ親友がいる人は、群がること自体に嫌悪感を抱くものだ。

群がることに何らメリットはないし、自分の時間を奪われるのが何よりも苦痛だからだ。

群れる時間があれば独りで粛々と自分を磨き、次に親友と会った際にお互いに成長していることを確認し合うのだ。

だからいつも独りぼっちでいても寂しくない人は、肉体的にも精神的にもどこか遠くを眺めているように見えるものだ。

道を歩いているときにも他の通行人とは目が合わず、前方やや遠くの景色を眺めているのだ。

それは常に前向きに成長し続けながら、遠くに向かいたいと思っている証《あかし》である。

反対にいつもキョロキョロして歩いている通行人は、１００％いつも群がっている連中だ。

まるで弱い草食動物が群がって、強い肉食動物に睨《にら》まれないようにビクビク、オドオドしているようだ。

ここ最近は草食系にも生きる道が用意されてきているようだから、どちらでもあなたの好きな道を歩めばいい。


群れれば群れるほど、恐怖心は募っていく。

一人で前を向け。

遠く、向かいたいところを見続けるのだ。

PART

2

群れるから人生の悩みが増えるのだ

あなたを悩ませているのは、自分に嘘をついてつくった友人だ。

09

「職場の人間関係で悩んでいます」

「どうしても許せない友人がいます」

会うたびにそうした愚痴《ぐち》を漏らしている人がいるが、自分が原因をつくっていることに本人は気づいていない。

職場の人間関係で悩んでいるのなら、さっさと会社を辞めればいいだけの話だ。

自作自演で悩みをこしらえて悲劇のヒロインを気取って何が楽しいのか。

会社を辞めるほどではない悩みということは、本当はたいした悩みではないのだ。

あなただけではなく、周囲の人たちもあなたのことで悩んでいるのだ。

どうしても許せない友人がいるのならさっさと絶縁すればいいだけの話だ。

自作自演で悩みをこしらえて悲劇のヒーローを気取って何が楽しいのか。

絶縁するほどでない恨みということは本当はたいした恨みではないのだ。

あなただけではなく、友人もあなたのことを恨んでいるのだ。

すべての人間関係のトラブルは自作自演である。

あなたを悩ませているのは、自分に嘘をついてつくった友人なのだ。

自分に嘘をついたツケが、死ぬまで追いかけてくるのが人間関係のトラブルなのだ。

あまり大きな声では言えないが、自分に嘘をついて友人をつくっている人はとても多い。

ＳＮＳが浸透してきてまさに偽友だちはあちこちで急増中だ。

しかもＳＮＳをきっかけに発生するトラブルは数多い。

自分に嘘をついて友人をつくるくらいなら迷わず独りぼっちを選ぶことだ。

自分に嘘をついて友人をつくりさえしなければ、人生の悩み事の大半は解決する。

自分に嘘をついて友人をつくろうと思わなければ、卑屈に媚《こ》びなくてもよくなる。

これだけは断言していいが、孤独の寂しさより、群れの鬱陶《うっとう》しさの悩みのほうがずっとストレスが溜まる。
群れというのは、偽物の人間関係の極致だ。
群れの大きさと、偽物の人間関係の深刻さは比例していく。
あちこちに知り合いがいるということは、あちこちで嘘をついているということだ。
人脈の広さを自慢している人がいたら、避難したほうがいい。
あなたにも嘘の人間関係を強要してくる可能性があるのだから。

すべての人間関係のトラブルは自作自演である。
それは嘘をついてつくってきた友人関係から始まる。
卑屈になるな。媚びるな。

10

三人並んで、お下品に通路を塞がない。

三人並んで道を塞《ふさ》いで歩いている人たちがいる。

どんなに上品に見える人でも三人組になると、100%マナー違反を起こすものだ。

三人組になるということは、下品になるということなのだ。

三人並んで歩くとおしゃべりするから歩くスピードが遅くなる。

後ろを歩いている人たちがつかえてくる。

後ろを歩いている人がもたもたしている三人組を抜かそうとすると、ぶつかってしまう。

三人並んでいる連中が原因なのに、なぜか後ろの人が謝っている。

これがトラブルの原因になる。

三人並んで歩くとおしゃべりするから前をよく見ない。

三人並んで歩いている連中の特徴に、デカ鞄を持ち歩いていることがあげられる。

デカ鞄がすれ違いざまに前から歩いてきた人とぶつかる。

三人並んでいる連中が原因なのになぜか前から歩いてきた人が謝っている。

これがトラブルの原因になる。

何も通路を歩くことに限らず、群れるとトラブルに巻き込まれたり運気が落ちたりするのは、人生すべてに当てはまるのだ。

群れるということそれ自体がトラブルを増やす行為だと気づくことだ。

オフィスの給湯室で下品に群れて騒いでいると、周囲から見て嫌な連中に見える。

近所でも下品に群れて騒いでいると、周囲から見て嫌な連中に見える。

群れているから下品なのではなく、下品だから群れているのだと評価を下される。

あなたの評価を下す権力者を思い出してみよう。

権力者は決して群れていないはずだ。

会社の社長は群れていない。

それどころか部長や課長でさえ、平社員と比べたら群れていない。

群れると自分の価値が落ちていくことを本能的に知っているからだ。
だからこそ、群れている連中を一瞥《いちべつ》しただけで「あっち側の連中」とお洒落《しゃれ》に見下す。
群れていると権力者から嫌われて見下されるからますます下々の人になる。
下々の人になると、悩みが尽きないからますます群れて騒ぐ。
群れて騒ぐと、ますます権力者に嫌われてますます下々に落ちぶれる。
この負のスパイラルから抜け出すためには、群れから飛び出すことだ。

権力者は決して群れない。
群れるということは、
自分の価値を落とすということだ。

11

村社会から脱出すると、そこには別世界が拡がっている。

村社会とは昔の話ではない。

私たちがこうして生きている今こそ、まさに村社会なのだ。

SNSというのは村社会そのものであることに気づくべきだ。

村社会では挨拶を忘れると、他の村人たちから陰湿な嫌がらせを受ける。

これはSNSでレスポンスがなかったり遅くなったりすると、それが原因で仲間外れにされるのとまさに同じである。

村社会ではみんなと違う意見を口にすると、村人たちから陰湿な嫌がらせを受ける。

これはSNSでうっかり本音を書き込んだ瞬間、炎上して吊し上げにされるのとまさに同じである。

村社会でもSNSでも、最悪の事態として殺人事件にまで発展することもある。

以上を読んで「自分は村社会の住人だ」とヒヤッとした人はまだ見込みがある。

今すぐ村社会から脱出して、別世界に引っ越しをすることだ。

人生を手っ取り早く変えようと思ったら、引っ越しするのが一番だ。

住む場所を変えてしまえば、新しい自分をさらけ出せる。

否、新しい自分とは結局のところ、本当の自分なのだ。

村社会の中では嘘の自分を演じ続けることを強いられる。

村社会とは一つの劇場であり、劇場では役者が決まっているからだ。

役者が周囲の期待とは違う役を演じようとすれば、大バッシングを受けるのが村社会の本質なのだ。

ところが村社会から脱出すると、嘘の自分とはサヨナラできる。

ありのままの自分で、自分が人生の主人公となって生きていける。

今まさに村社会で苦しんでいる人には想像もつかないかもしれないが、村社会の出来事なんて一歩外に出たらどうでもいいことばかりなのだ。

村社会の中で悩んでいるのは、金魚鉢の中が世界のすべてだと思って悩んでいる小魚と同じなのだ。

金魚鉢から飛び出して大海でのびのび泳いでみると、金魚鉢の世界がいかにちっぽけで取るに足りないのかがよくわかるのだ。

「そんなことを言っても、金魚鉢を飛び出す勇気がない」という声が聞こえてきそうだ。

私は金魚鉢の中で耐え続けて寿命を削るほうが、ずっと勇気が求められる気がするが。

今いる場所を変えろ。
新しい自分になれ。
その新しい自分が本当の自分なのだ。

12

あらゆる悩み事の根っこは、
執着することにある。

あなたは今、悩み事があるだろうか。

もし悩み事があるのであれば、その根っこを少し掘り下げて考えてみよう。

あらゆる悩み事の根っこには、人間関係が潜んでいることに気づかされるはずだ。

仕事の悩み事の根っこには、必ず人間関係のトラブルが潜んでいる。

プロジェクトが遅れ気味なのは、他のメンバーとコミュニケーション不足だったからだ。

健康の悩み事の根っこには、必ず人間関係のトラブルが潜んでいる。

あなたが胃潰瘍《いかいよう》で苦しんでいるのは、上司とそりが合わないからだ。

近所の悩み事の根っこには、必ず人間関係のトラブルが潜んでいる。

隣の家との不仲は、毎晩騒音に悩まされているからだ。

そしてその人間関係の悩みは、いつも執着することによって発生する。

執着しなければ、そもそも悩み事は発生しないのだ。

サラリーマンをこのまま続けていても、この先いいことなんて何もないことがわかっているのなら、さっさと独立してフリーランサーになってしまうことだ。

独立するのはリスクが高いと思う人がいるかもしれない。

しかし、このまま生きていてもいいことはないとわかっている人生を歩み続けるほうが、ずっとリスクが高いのではないだろうか。

せっかくローンを組んでまで購入したマンションを捨てて、静かな場所に引っ越すのはリスクが高いと思う人がいるかもしれない。

しかし、このまま今の場所に住んで毎晩騒音に悩まされ続けながら生きるほうが、ずっとリスクが高いのではないだろうか。

もし今いる場所が地獄だと一点の曇りもなくあなたが確信できるのであれば、耐えるのではなく、飛び出すことで道が拓《ひら》けてくるものだ。

神様が「今いる場所では幸せにはなれませんよ」「今の場所で学ぶことはもう終了です」という合図を送ってくれていると考えるのだ。

神様の合図を無視し続けていると、あなたはどんどん不幸になっていく。

場合によっては病気になって命を落としてしまいかねない。

だがそれは神様のせいではなく、いつまでも執着を手放さなかったあなたの責任なのだ。

私はたとえ悩み事がなくても、転職や独立や引っ越しを繰り返して運気を上げてきた。

執着してマンネリ化してきたら、負のスパイラルに突入するリズムを知っていたからだ。


耐えるのではなく、飛び出すことで道は拓ける。

逃げることから逃げてはいけない。

13

人間関係で最大の無駄は、みんなに好かれようとすること。

人間関係で独り相撲を取って悩んでいる人の共通点は、みんなに好かれようとしていることだ。

古今東西問わず、これまでにみんなに好かれることに成功した人間はただの一人もいない。

みんなに好かれようとするのは、自然の摂《せつ》理《り》に反する行為なのだ。

人はみんなに好かれるために生まれてきたのではなく、運命の人と出逢い、運命の人を愛し続けるために生まれてきたのだ。

自然の摂理に反する行為をしていると、人生は必ず不幸になるようにできている。

不幸になるのは悪いことではなく、もう二度と悪いことが起こらないようにするためのアラームなのだ。

にもかかわらず、耐え抜いてアラームを無視し続けるとどんどん不幸になってしまう。

どんどん不幸になるのは、どんどんアラームを大きくしてあなたに気づいてもらいたい神様の配慮なのだ。

長期的な成功者たちをよく見てもらいたい。

みんなに好かれようとなんて絶対にしていないはずだ。

ごく一部の大切な人だけをとことん愛して、あとは適当に手を振ってファンサービスをしているくらいのものだ。

あるいはせいぜい年に一度や二度の握手会でファンを繋ぎ止めておくくらいだろう。

成功者でも一時的に終わってしまう人は、みんなに好かれようとして大切な人たちから見捨てられていくからだ。

あなたがみんなに好かれようと努力しても、その周囲には好かれたい人予備軍が控えている。

好かれたい人予備軍にいくら配慮しても、さらにその周囲には無限の好かれたい人予備軍が控えているから終わりがないのだ。

そうこうするうちに、以前から応援してくれていた人たちが誰もいなくなる。

ザルで水をすくっている状態になり、孤立無援になってしまうのだ。

みんなに好かれようとすると、最終的にはみんなから嫌われてしまうのだ。

翻《ひるがえ》って、あなたはどうだろうか。

ひょっとして、周囲から「八方美人」と噂されてはいないだろうか。

八方美人というのは、誰からも信用されない卑劣な人間ということに他ならない。

人類史上、みんなに好かれることに成功した人などただの一人もいない。

そんな自然の摂理に反することをするな。

14

もう、これからは嫌いな人と関わってはいけない。

「嫌いな人からこそ、学ぶものがたくさんある」

「嫌いな人と付き合ってこそ、人生の勉強になるものだ」

ひょっとしてあなたはこれらの正論に苦しめられてきたのではないだろうか。


何を隠そう、私自身がこれまで散々苦しめられてきた。

だがこの正論は応用してあなたの人生に活かせばいい。

たいていあなたの嫌いな人というのは、あなたの嫌な部分を堂々と外に出せる人だ。

例えばズケズケとものを言う人を見て、あなたがその人に嫌悪感を抱いたとしよう。

でもその真意は、あなたも本当はズケズケとものを言いたいのに、それを耐えているから相手に嫉妬してしまったのだ。

あるいは年上のあなたにタメ口で話しかけてくる若手成功者に対し、あなたが嫌悪感を抱いたとしよう。

でもその真意は、あなたも本当は若くして成功し、年上にそんな風に話してみたいのに、それができないでいるから相手に嫉妬してしまったのだ。

以上を認めた上で、「嫌いな人は自分にこれを気づかせるために生まれてきたんだな」と感謝すればいい。

嫌いな人の存在価値なんて、それ以上でもそれ以下でもないのだ。

あとはあなたの本心に従えばいいだけだ。

「意外にいいヤツじゃないか！」ということになれば、もう一度会えばいい。

「やっぱり嫌いなものは嫌い」ということになれば、もう二度と会わなければいい。

あなたにとって大切なものを運んでくれる大嫌いな人は一度限りの関係だと考えれば、少なくともその場ではちゃんと接することができるはずだ。

文字通り一期一会だと考えれば、いちいち相手に腹を立てずに済むだろう。

「もうこの人はいなくなるんだな」と思えば、目をウルウルさせながら話を傾聴できる。

私の場合は「やっぱり嫌いなものは嫌い」と判断したら、折り返しの電話もしなければメールの返信もしない。

嫌いな人の話は聞かなくてもいいのではなく、聞いてはいけないのだ。

嫌いな人とは関わらなくてもいいのではなく、関わってはいけないのだ。

せっかく厄払《やく》いができるのに、わざわざ厄を拾ってはいけないのだ。

嫌いな人からは、もらうものだけもらって絶縁することだ。


嫌いな人とは関わらなくてもいいのではない。

関わってはいけないのだ。

それが真の「一期一会」なのだ。

15

〝なんとなく〟の付き合い残業で、2年以上の寿命をドブに捨てている。

あなたは〝なんとなく〟の付き合い残業をしていないだろうか。

上司が残っているから、なんとなく帰りにくい。

まだ事務員が残っているから、なんとなく帰りにくい。

残業なんてでっち上げようと思えばいくらでもでっち上げることができる。

もしあなたがこの先ずっと〝なんとなく〟毎日2時間残業し続けたとしよう。

1年間で約240日出勤したと仮定して、あなたのサラリーマン人生40年間で計算するとこうなる。


2時間×240(日)×40(年間)=19200時間=800日≒2・2年

睡眠時間や食事の時間をすべて除いた状態で、なんと2年以上もの寿命をドブに捨てることになる。

2・2年というのは約800日であり、約19200時間でもあるから、これだけの時間があればあなたはどれだけ充実した人生を送れるだろうか。

毎日10時間の猛勉強を1920日（≒5・3年）も続ければ、生涯の武器になる難関資格を取得して第二の人生で大活躍できるかもしれない。

毎日1時間最愛の人との対話を19200日（≒53年）も続ければ、もう思い残すことは何もないかもしれない。

〝なんとなく〟という生き方は、本当に怖いことなのだ。

毎日垂れ流し状態で惰性の残業をしている人は、生きているふりをして実は死んでいるのだ。

私はサラリーマン時代に〝なんとなく〟残業をしなくてもいいよう、ありとあらゆる手段を使って工夫を凝らした。

「お先に失礼します！」と言わずに、ダミーの鞄を置いたまま帰る術を習得した。必ず夕方に1件外出する用事をでっち上げて、そのまま帰宅するようにした。

最初から時間外に会議が設定されている場合は、昼過ぎに出かけるふりをして独身寮に戻ってたっぷり昼寝をしてから悠然と夕方に出社した。

おかげさまで〝なんとなく〟の付き合い残業とは無縁の人生を送ることに成功した。

サラリーマンが8時間かけている仕事は、すべて1時間に圧縮できる。

どうして1時間でできることが8時間もかかるかといえば、群がっているからだ。

群れれば群れるほどに無駄な雑用が増えて、嘘の仕事がでっち上げられるのだ。

「なんとなく」という生き方ほど、怖いものはない。それは生きているふりだけで、死んでいるも同然だ。

信頼している人に裏切られるのは、まもなく幸運が舞い込んでくる前兆だ。

16

私がこれまで出逢ってきた三〇〇〇人以上のエグゼクティブと、一万人以上の人々との対話、そして私自身の経験でハッキリした事実がある。それは信頼している人に裏切られると、まもなく幸運が舞い込んでくるということだ。

これには例外がないから、人生はつくづく面白いと思う。

人に限らず、大切なものを失ったときにも、しばらくすると必ず幸運が舞い込んでくることを私は幼少の頃から薄々と気づき始めていた。

今ならこの意味がよくわかるような気がするのだ。

実はそれまで目の前に幸運が何度も訪れていたのに、その時点では大切だと思っていたものにしがみついていたために見落としていたのだ。

そして何度も訪れていた幸運があなたのしがみついていたものを、視野から追い出してくれたのだ。

信頼していた相手というのは、実はあなたとの出逢いでの役割はすでに終えた人で、裏切ることによって再び別の場所で修行を積むのだ。

だから裏切ってくれて「この野郎!」ではなく、「ありがとう!」なのだ。裏切ってくれたからこそ、役割を終えたその人とあなたは潔《いさぎよ》く別れることができたのだ。

裏切ってくれなければ、あなたはその役割を終えた相手といつまでもネチネチしながら過ごさなければならなかったのだ。

エグゼクティブたちが幸運をつかむ直前には、たいてい側近に裏切られているものだ。

集団退職で根こそぎ社員とお客様を奪われた直後、すぐに会社が急成長を始めた例は枚挙に暇《いとま》がない。

なぜなら、辞めた社員たちに虐《しいた》げられ抑えつけられていた社員たちのほうが、実は遥かに優秀な場合が多いからだ。

失ったお客様の売上分は、すぐに優秀な社員によって開拓された超優良顧客で何倍にも成長し続ける。

ある程度コンサル経験を積むと、こんなことは頻繁《ひんぱん》に起こることだから、

「ピンチはチャンス！」を頭ではなく、心で痛感することができる。
もしあなたが信頼している人に裏切られたら、絶対にふて腐れないことだ。
幸運が訪れる態勢が整い始めているのだから、ウキウキするくらいでちょうどいい。
私はいつも「次のピンチはいつかなぁ……」とドキドキしている。

**大切だと思っているものにしがみついていないだろうか。
それを視野から追い出すことも必要だ。**

PART 3

まわりの運気まで下げる、こんな〝さげまん〟には要注意

17

友だちの多さをアピールする人は、さげまん。

さげまんというのは、運気を下げる女性のことだ。

さげまんの傍《かたわら》にいる人は、男女問わずさげまん菌に感染することになる。

彼女がさげまんという男性はもはや絶望的だ。

どんなに才気溢れる男性でも、さげまん菌に感染すれば確実に人生が衰退する。

親友がさげまんという女性も絶望的だ。

どんなに運気の強いあげまんでも、さげまん菌に感染すればさげまんに落ちぶれる。

さげまんで一番わかりやすいのは、友だちの多さをアピールすることだ。

就活の面接でも友だちの多さをアピールした瞬間、さげまん確定だ。

さげまん菌に感染した男性も友だちの多さをアピールする。

本来の男性は孤独癖があるのに、友だちの多さを自らアピールしてしまう感性の鈍さが、薄まった男性ホルモンの象徴なのだ。

ところがさげまん会社では、友だちの多さをアピールするさげまんを喜んで採用する。

さげまん同士意気投合して引き寄せ合うからだ。

友だちの多さは、何の自慢にもならないのだ。

否、友だちの多さは信用できない証なのだ。

女性はもともと本能的に一途に自分から溢れ出る運気を与え続ける生き物だ。

本命に運気を与え続けなければならない使命なのに、あちこちに分散させること自体が自然の摂理に反しているのだ。

もしあなたが女性で友だちが少ないのなら、とりあえず安心していい。

ぜひ独りの時間に読書や映画鑑賞をして、素敵な音楽や絵画に触れ続けることだ。

そして独りでも輝いている女性を真似しながら、成長し続けることだ。

独りで輝いている女性が一番出没しやすいのは、平日の高級ホテルの喫茶ラウンジだ。

休日になると客層がガラリと変わるが、平日にはあげまん率が比較的高いのだ。

逆にさげまん菌に感染したければ、休日の安いカフェがおススメだ。

休日の安いカフェであれば、必ず女性三人組があちこちに散見されるから、隣に座れば一瞬でさげまん菌に感染できるというわけだ。

カフェに限らず騒がしい店は、さげまんが跋扈《ばっこ》するさげまん店だ。

静かでお洒落な店があげまん店だ。

友だちの多さなど、何の自慢にもならない。
それどころか信用できない証に過ぎない
ということを忘れるな。

18

さげまんは、ギラギラファッション。

さげまんを見た目で判断するのは簡単だ。

とてもわかりやすいギラギラファッションをしているからだ。

ド派手なイアリングとネックレスをし、指には複数のごっつい指輪がはめられている。

紐のようなブレスレットが変色しかけながら複数手首を締め付けている。

服装も目が疲れてしまうような奇抜なファッションでドン引きされているのに、本人は「みんな私が綺麗だから注目している！」と自己陶酔している。

幸せといえば幸せかもしれないが、こうしたさげまんと一度関わると大変だ。

近寄るだけで生気をどんどん吸い取られてしまうからだ。

ギラギラファッションの女性はすべての感性が麻痺しているのに、あれこれ口出しするのが大好きなのが特徴だ。

何から何までやたらとアドバイスをしたがり、自分のアドバイスに従わなければすぐに拗《す》ねてしまう。

ギラギラファッションは中小企業のオーナーの成金夫人に多く見られがちだが、夫の会社の経営が傾くことが多いのは彼女たちが正真正銘のさげまんだからだ。

長年やってきた老舗企業が一転して右肩下がりになるのは、こうしたさげまんが原因になっていることが多い。

テレビや雑誌で老舗企業の不祥事や倒産劇を特集していたら、社長夫人を確認してみるといいだろう。

できれば不祥事や倒産以前の暮らしぶりや服装をチェックしてもらいたい。必ずギラギラファッションのはずだ。

換言すれば、現在元気な会社でも社長夫人がギラギラファッションだとすれば、確実にその会社は衰退していくということだ。

まるで投資家のアドバイスのようになってしまうが、社長夫人がギラギラファッションの会社の株を買うのは避けたほうが無難ということだ。

そのくらいギラギラファッションというのは、さげまんのユニフォームなのだ。

あげまんはどうかといえば、キラキラファッションをしている。

イアリングとネックレスを同時につけることもなければ、指輪を複数はめることもない。

腕時計をしたほうの手首には、ブレスレットをごちゃごちゃつけない。

人間関係もお洒落も、さげまんはギトギト、あげまんはアッサリなのだ。

ギラギラファッションが近づいてきたら
すぐに逃げろ。
運まで逃げ出してしまう前に。

さげまんは、会社を辞めるときにあちこち相談しまくる。

19

さげまんは会社を辞めたくなると、必ず二人以上に相談しまくってさげまん菌を大量に撒《ま》き散らす。

二人以上に相談する人は、必ず三人以上に相談することになる。

三人以上に相談すると、相談者は無限に増えていく。

なぜなら意見が分かれるとそれだけ自分で決められなくなるからだ。

さげまんが無限に相談し続ける理由は簡単だ。

最初から辞めるつもりなんてないのに、「あなたはデキる人だから残ったほうがいいよ」「辞めるなんて寂しいこと言わないで」と引き留めてもらいたいだけなのだ。

周囲は「やっとさげまんがいなくなってくれるか……」とせっかくホッとしているのに、本人はズルズルと相談し続けて居座り続けるから迷惑なのだ。

なかにはストレートに「あ、そう。で、いつ辞めるの？」と言ってくれる人もいるのだが、さげまんは怒り心頭に発してまたあちこちに喚《わめ》き散らすのだ。

「○○課長が〝お前なんか辞めてしまえ！〟なんて酷いことを言った」と話

がすり替わり、いつのまにかさげまんはパワハラだと泣き叫ぶ。

こうしてさげまんは、今日も元気にさげまん菌をあちこちに撒き散らしていくのだ。

ひょっとしてあなたも会社を辞めるときにあちこち相談しまくってはいないだろうか。

あちこち相談しまくっていつまでも辞めないと周囲からは確実に嫌われる。散々周囲の時間を奪っておきながら、結局図々しく残っているとウンザリされる。

一度「辞める」と口にして辞めなかったら、組織では永遠に裏切り者なのだ。

「辞める」と言うのは、サラリーマンにとって伝家の宝刀だ。伝家の宝刀を普段から振りかざしていると、周囲にはオモチャの刀に見られてしまう。

あげまんが会社を辞めるときには、誰にも相談なんてしない。

誰にも相談しないから誰にもばれないで、普段通りバリバリと仕事をこなし続ける。

そして自分で決断して、確認として全幅の信頼を置いた一人だけに結果報告する。

だから周囲にわかるのは、あげまんが辞表を出したあとだ。

この去り際の美しさが、よりあげまんを魅力的にするのだ。

念のため私の知る限りさげまんが「辞める」相談をしているうちに、本当に辞めざるを得なくなった悲惨な例を複数知っている。

その気もないのに、他人の時間を気安く盗まないことだ。


一度「辞める」と口にした時点で、組織では裏切り者。

去り際の美しさで、自分の魅力を高めろ。

さげまんは、
メールが長い。

20

届いたメールを見ると、さげまんは一目瞭然だ。

はじめての相手でもないのに、とにかく長いのだ。

丁寧といえば聞こえはいいかもしれないが、仕事上でもプライベートでも次第に疲れてくる。

相手を疲れさせるということは、その時点で100%さげまん確定なのだ。

あげまんは相手を疲れさせるのではなく、相手を癒《いや》す。

仕事はテンポよく話が進み、プライベートもとんとん拍子だ。

あげまんと一緒に仕事をすると何でも早く達成できるが、さげまんと一緒に仕事をすると何でも永遠に達成できない。

私は仕事でメールをやり取りする際に、3分以内を目標に結論を下すメールを返信している。

そのため多くの場合件名に、「OKです／千田琢哉」「それで進めてください／千田琢哉」「拝受／千田琢哉」と用件を10文字以内で返信する。

原則、本文は白紙だ。

これに対してあげまんのメールは同様に件名に10文字以内で返信してくるか、本文を最長でも3行以内でまとめてくる。

お互いにとんとん拍子で話が進んで、とても心地良い。

おまけに美人が勢揃いなのが特徴だ。

さげまんのメールはどうかといえばバカ丁寧で冗長な挨拶文が続いたあとに、ビッシリ10行以上でだらだらと文章が綴られている。

ようやく読み終わったかと思えば、「詳しくは資料を添付しておきます」と書いてあり気を失いそうになる。

こちらとしてはこれ以上寿命を奪われては大変だと思い、10文字以内の件名メールでさげまんを撃退する。

「お断りします／千田琢哉」「イヤです／千田琢哉」と返した直後、受信拒否に設定するだけだ。

こうしてすべての取引先をあげまん化していくことによって、私の運気をどんどん上昇させている。

私にさげまんが近づけないのは、すべての環境を受信拒否に設定してあるからなのだ。

仕事も、プライベートもテンポよく。
相手を疲れさせている時点で、運気を逃している。

21

さげまんは、人の失敗を追及するのが好き。

さげまんはとにかくしつこい。

何かトラブルがあれば、執念深くとことん追及する。

まるでヘビに取り憑《つ》かれているようだ。

若くてかわいらしい部下を責任追及するのが三度の飯より好きで、口癖はいつもこうだ。

「何度言ったらわかるの？」

「さっき言ったよね？」

「前にも同じ失敗したよね？」

あなたの会社にもこうしたさげまんは必ず棲息するはずだ。

さげまんが追及好きなのは、相手のことを真剣に思っているからでもなければ、仕事を真剣にやっているからでもない。

自分のコンプレックスをその場しのぎで解消するために誰かを追及するだけなのだ。

これさえ知っておけば、もしあなたの職場のさげまんに追及されても心の底から相手に同情できるはずだ。

先ほどのさげまんの口癖が生まれた背景はこうだ。

さげまんは幼少の頃から物覚えが悪く、両親や兄弟、あるいは同様にコンプレックスを抱えた教師たちからそう言われ続け、虐げられてきたのだ。

さげまんを育てた周囲の大人たちも100％さげまんだから、「何度言ったらわかるの？」「さっき言ったよね？」「前にも同じ失敗したよね？」が口癖であり、元気にさげまんを繁殖させ続ける。

ここで大切なことは、他人事ではなく、自分事だ。

追及好きのさげまんを諭《さと》して、あげまんに昇格させるのはほぼ絶望的だ。だったら極力関わらないように、ありとあらゆる手段を使って対策を練《ね》ることだ。

どうしても仕事上で関わらなければならない場合は退職するのが一番だが、その勇気があなたにないのなら、さげまんが発する言葉はすべてそのさげまん自身の自己紹介だと割り切って話を聞いてあげると面白い。

「こうやってこのさげまんは虐げられてきたんだなぁ……このさげまんはさげまんで苦労したんだなぁ……」とあなたが憐《あわ》れむ顔は、まるで反省した顔のように見える。

その場限りのコンプレックスを解消したさげまんは、それで大人しくなるはずだ。

間違ってもプライベートでこうしたさげまんとは関わらないことだ。

「何度言ったらわかるの？」「さっき言ったよね？」こんな口癖の人からは今すぐ逃げろ。

さげまんは、
容姿や学歴を鼻にかける。

22

美人はすべてあげまんかといえばそんなことはない。

美人でもさげまんはたくさんいる。

美人のさげまんの特徴は簡単だ。

自分の容姿を鼻にかけることだ。

「こんなに美人でスタイルもいいのに、私はモテません！　世の中の男は間違っています」

そう顔に書いてある。

ツンとした美人はすべてさげまんなのだ。

だから美人ならたとえさげまんでもいいという男性は、ぜひツンとした美人を落とす戦略を練ることだ。

ツンとした美人を落とす方法を公開した本や商材は巷《ちまた》に溢れ返っているから、ぜひその分野のプロに教えを乞おう。

ここだけの話、真の成功者たちはツンとした美人を相手にしないから、競争率は思ったほど高くない。

わざわざツンとした美人なんて狙わなくても、世の中には柔らかい美人がたくさんいるからだ。

真の成功者たちはさげまんに関わると、すべてが台なしになることを熟知しているからさげまん対策は念入りだ。

私もこれにならって、ツンとした美人には絶対に関わらないように常軌《じょうき》を逸するほど注意している。

鼻にかけるという意味では、男性も同じである。

ツンとした美人からさげまん菌が感染した男性は非常にわかりやすい。

「一流大学を卒業して一流企業で勤務している年収1000万のエリートなのに、私はモテません！　世の中の女は間違っています」

そう顔に書いてある。

母親がさげまんで教育ママゴンに育てられた男性は、たいていこういうのが多い。

親や塾の先生の言いなりになってラジコンカー人生を貫《つらぬ》いてきたのに、こんなに正しい自分が評価されないのはおかしいということで犯罪者になってしまう例もある。

最後に美人でもないのに鼻にかけているさげまんも存在するのはいうまでもない。

「お嬢様育ち」「語学堪能」などを鼻にかける女性は、正真正銘のさげまんだ。


ツンとした美人ではなく、柔らかい美人を目指せ。

あげまんに、容姿も学歴も関係ない。

23

さげまんは、悩みを相談されるのが大好き。

あなたの周囲に実力がからきしないのにやたら教えたがり屋さんだったり、人の相談に乗りたがったりする人はいないだろうか。

それがさげまんだ。

いわゆる〝補欠の先輩〟というやつだ。

補欠の先輩はただでさえショボイ実力なのに、まだ何も知らない無垢《むく》な新人を捕まえてショボイ実力を刷り込もうとする。

ショボイ実力を刷り込まれた新人は仕事ができず悩み事が尽きないから、補欠の先輩に相談に乗ってもらう。

頼られて嬉々とした補欠の先輩はますますショボイ実力を刷り込み続ける。

こうしてますます組織はさげまん菌に侵されていくのだ。

仕事に限らず、他人の不幸を見つけては狂喜してやたらと相談に乗りたがるさげまんがあなたの周囲にも必ずいるだろう。

「あ、今何かで悩んでいるでしょ。顔見りゃすぐわかるよ」

「ねぇねぇ、何か困っていることない？　何でも言ってね」

実はこうしたセリフはすべてさげまんの証拠なのだ。

逆にさげまんは他人が上手くいっている話が大嫌いだ。

他人の自慢話を聞かされるなどはもってのほかで、とにかく幸せな話題が大嫌いなのだ。

いつも血眼《ちまなこ》になって命がけで他人の不幸を探し続けている。

つまりあなたにそうしたさげまんが近づいてくるということは、あなた自身がどこかに不幸な匂いを醸《かも》し出しているということなのだ。

だからさげまんが近づいてきたら、ここ最近の生活を振り返ってみるいい機会だ。

「あれ、どうしてこんなさげまんに声をかけられちゃったんだろう……」

「ん？　これは今のままではいけないというシグナルかな？」

そうやってさげまんを上手に活用していけばいいのだ。

間違ってもさげまんに相談に乗ってもらわないことだ。

さげまんは一度でも気を許すと、こちらが頼んでもいないのに執拗に相談に乗ってくるようになる。

それはあなたがさげまん菌に感染した証拠なのだ。

万一さげまんが近づいてきたら最小限の挨拶で済ませて、お手洗いに逃げることだ。

間違っても、さげまんに相談事を持ち込んではいけない。近づけてもいけない。

さげまんは、競争が大好き。

24

競争が激しい環境を好む女性はさげまんだ。

額に汗して戦う女性たちを虚心坦懐《きょしんたんかい》に観察してみよう。

一見すると競争しながら切磋琢磨《せっさたくま》するのは強く逞《たくま》しい女性に映るだろう。

だが強さと逞しさは男性の領域であり、女性の領域は美しさと柔らかさなのだ。

あなたはマスコミから「バリバリ働くキャリアウーマンはカッコいい」と洗脳されてはいないだろうか。

「21世紀は女性の時代」という未確認情報にいいように乗せられてはいないだろうか。

そこには美しさも柔らかさもないはずだ。

巷では本当は切望しているのに結婚できず、温かい家庭を築けない女性が増えている。

本音を告白すれば、どこか男性もどきのようで戦う彼女に対して不快感を抱く人も多いのではないだろうか。

それは自然の摂理に則《のっと》っている感情で、ひたすら正しい。

女性経営者や政治家の中で競争心と歯茎をむき出しにしている人を見るとウンザリするのは、彼女たちの生きざまが自然の摂理に反しているからなのだ。

女性経営者や政治家の中でも長期的に生き残っている人は、女性〝ならでは〟の美しさと柔らかさを上手に活かしている。

戦い抜いて勝ち負けをハッキリさせるのは、男性の領域だから女性には向かないのだ。

戦争の最前線で戦う兵士に圧倒的に男性が多いのは、女性は爆弾が爆発すると本能的に「キャー！」と叫んでしまう揺るぎない弱さを持っているからだ。

男性はどんなに弱者でも金切り声で「キャー！」と叫ぶ者などいない。

男と女が原始人レベルの獲物の奪い合いをしたとすれば、100％女性が殺されて負けてしまうのだ。

今はすっかり人間社会も進化して弱者救済措置が整ってきた。

男が女に対して暴力を振るったり大声で怒鳴りつけたりはしないという暗黙のルールを守っているからこそ、女性は男女平等を叫ぶことが許されるのだ。

男性は女性の美しさと柔らかさに畏怖《いふ》の念を持ち、女性は男性の強さと逞しさに畏怖の念を持つことだ。

女性が男性の領域を侵すのは、さげまんの行為なのだ。

同様に男性が女性の領域を侵すのは、さげまん菌に感染した男性の行為なのだ。

男性の強さと逞しさ、女性の美しさと柔らかさ。
それぞれの武器を最大限活用しろ。

PART 4

運気を上げる〝あげまん〟はここが違う

あげまんは、孤独なのに寂しそうじゃない。

25

あげまん女性のわかりやすい特徴といえば、いつも単独行動していることだ。

颯爽と独りで登場し、爽やかに姿を消す。

今日は珍しく二人でいると思ったら、決まって相手は素敵な男性だ。

ただしいくら単独行動していても、そこに寂しさが漂っていてはいけない。群がって騒いでいるよりはずっとマシだが、独りぼっちで寂しそうに見えるのはやはり切ない。

あげまんは孤独でも寂しそうじゃないのだ。

なぜあげまんは孤独でも寂しくないかといえば、自分自身のことが好きだからである。

自分自身のことが好きだと、どんなに孤独でも寂しそうに見えない。

すでに自分自身という最初の親友を獲得できているのだから、どこか余裕が漂っているのだ。

自分自身のことを好きになるためには、自分が好きなことに没頭することだ。

読書でも、料理でも、お洒落でも、本音であなたが好きなことなら何でもいい。

好きなことに没頭すれば、ランチでも、電車の待ち時間でも、いつも好きな分野の本を持ち歩くことができる。

独りで文庫本を開いて読書する姿は、どこから見ても寂しそうではなく、むしろ知的に見える。

そしてそんなあなたの姿を見て、必ず素敵な同性や異性と出逢う機会が巡ってくる。

これにはもう例外がない。

素敵な同性なら親友になり、素敵な異性なら恋人になるというわけだ。

換言すれば、素敵な親友や恋人に出逢うためには孤独でいるに限る。

あなたの大好きなことに没頭して、あなたの大好きな分野の本を読んでいれば、群れている暇などどこにもない。

寂しさとは無縁の人生なのだ。

寂しいどころか、間違ってさげまんやさげまん菌に感染した男性に近づいてこられたらすこぶる迷惑なのだ。

私も外食する機会は多いが、ほとんどが独りだ。

同性同士のディナーの回数は、年間を通じて片手で十分足りるくらいに珍しい〝事件〟だ。

自分を好きになるには、
自分が好きなことに没頭することだ。
寂しさとは無縁の孤高の人生を歩め。

あげまんは、一瞬で天才か凡人かを見抜く。

26

あげまん女性は、男性を選ぶ基準がさげまんより遥かに厳しい。

さげまん女性は自分が女性として欠けている部分を強烈に求めるからとてもわかりやすい。

不細工なさげまんは何よりもまずイケメンを求めるし、太めのさげまんは手足の長いすらっとした男性を求める。

休日の安いカフェでさげまん三人組が韓流のイケメン俳優の話題で盛り上がっているのが何よりの証拠だ。

それはそれで自然の摂理に則っているからひたすら正しいのだ。

これに対してあげまんは男性の遺伝子を洞察する。

例えば画家を目指している男性を見たら、その男性を一瞥して天才か凡人かを見抜く。

天才なら自分の運気を分け与えたいと子宮が疼《うず》くが、凡人なら自分の運気を分け与えるまでもないと露骨に無関心な態度を取る。

作家を目指している男性を見たら、将来大物作家になるか自称作家の実質ヒモで人生を終えるのかを瞬時に見抜く。

もちろん将来大物作家になると判断したら、あげまんは手練手管で男を自分の虜《とりこ》にしてしまう。

自称作家で終わりそうな男だと判断したら、どんなに話が盛り上がっていても中座してその場から消える。

あげまんは男を選ぶ瞬間だけは命がけなのだ。

なぜならそれがあげまんの使命だからである。

あげまんは天才を出世させるために生まれてきたのであって、凡人を秀才にするために生まれてきたわけではないのだ。

掃いて捨てるほどいる凡人を相手にするのは、大量にいるさげまんの役割なのだ。

こうした話をすると必ずこんな質問をする人が登場する。

「私はあげまんですか？　さげまんですか？」

もちろんさげまんだ。

あげまんはそんなくだらない質問をしないからだ。

「僕は天才ですか？　凡人ですか？」

もちろん凡人だ。

天才はそんなくだらない質問をしないからだ。


「僕は天才ですか？　凡人ですか？」

そう聞く輩は、　間違いなく凡人だ。

あげまんは、去る人を追わない。

27

あげまんは、ある意味でとても冷たい。

人間関係を水の如く考えており、呆れるほどにサッパリしているのだ。

自分から去っていく相手をいちいち追いかけたりはしないのだ。

そんなのは無駄な努力だと思っているし、自分から去った相手の意思を尊重している。また、人間関係に駆け引きも使わないのがあげまんだ。

「去っていく自分を追いかけてもらいたい」というやらしい駆け引きは、さげまんの専売特許であってあげまんの世界では存在しないのだ。

去る者を追わないと、いいこと尽くしなのだ。

まず、相手が離れていくことによってもっと自分を磨こうとやる気が漲ってくる。やる気をプレゼントされるのだ。

次に、相手が離れていくことによって自分の時間が増える。

時間をプレゼントされるのだ。

最後に、相手が離れていくことによって新しい出逢いのチャンスが巡ってくる。

あげまんの新しい出逢いは、いつもステージがアップした出逢いなのだ。出逢いをプレゼントされるのだ。

こう考えると、去る者を追うのはいかにチャンスを失っているのかに気づくはずだ。

去る者を追いかけ回すさげまんの象徴に、村社会や新興宗教団体があげられる。自分たちの組織から脱出しようとしたがる相手を、執拗に追いかけ回すのだ。

執拗に追いかければ追いかけるほどに、ますます脱出したいという気持ちは強固になり、組織に対する嫌悪感を募らせる。

執拗に追いかければ追いかけるほどに、時間を奪われてお互いに寿命を無駄にする。

執拗に追いかければ追いかけるほどに、お互いのことを憎しみ合うようになる。

どう考えても去る者を追いかけるのは、デメリット以外に存在しないのだ。

ひょっとしてあなたは去る者を追いかけ続けてはいないだろうか。

去る者とは、人だけではなく夢や目標も同じだ。

あなたから去っていく夢や目標を執拗に追いかけるのは、さげまん行為だと一日も早く気づくことだ。

あなたから去っていく夢や目標は、あなたにとってさげまんなのだ。

さげまんの夢や目標と決別すると、もっとあなたにふさわしい夢や目標がやってくる。


去る人を追うと、さげまんになる。

追うのはさげまんに任せておけ。

あげまんは、8割の女性から嫌われる。

28

意外に思われるかもしれないが、あげまんは嫌われやすい。

ざっくりいうと、8割の女性から嫌われる。

なぜなら女性の8割がさげまんだからである。

これを読んでカチン！　ときた人は100%さげまん確定だから、本書を放り投げてすぐにさげまん人生を満喫してもらいたい。

それもまた人生だと私は思う。

私はさげまんには関わりたくないが、さげまんの存在はちゃんと認める。

さげまんだって堂々と呼吸していいし、食料を好きなだけ食べてもいい。

誰にだって人権はあり、あげまんもさげまんも同様に生きる権利があるのだ。

さて、少数派のあげまんがさげまんたちから嫌われる理由は簡単だ。

さげまん菌をあげまんに感染させないよう、さげまんがあげまんに近づきにくいようにあらかじめ本能にインプットされているのだ。

さげまんはこんな理屈を微塵も理解できないが、あげまんの欠点を見つけては興奮し、愚痴・悪口・噂話をひたすら繰り返しているのだ。

さげまんは自分があげまんを嫌っていると思い込んでいるが、本当は好きになることを神様から許されていないだけなのだ。

もしあなたが8割の女性から嫌われるようなら、あげまんの素質がある。

学校でもどこか他の女子生徒たちに溶け込めない自分がいた記憶があれば、あげまんの可能性が高い。

会社でも他の女性スタッフたちと一緒に群れるのにどこか違和感があれば、あげまんの可能性が高い。

多少の不満はあるものの、自分は周囲とそれなりに楽しくやってきたという自負がある女性はさげまんの可能性が高い。

何だかんだいって、これまでの人生をずっと愚痴・悪口・噂話で埋め尽くしてきたし、それはそれで楽しかったという人は、まさにさげまんの鑑《かがみ》だ。

最後になるが、あげまんはわざわざ自分から嫌われるようなことはしない。

だがどんなに周囲に配慮しても嫌われる者は嫌われることをあげまんは

知っている。
ビジネス界で有名なニッパチの法則は、あげまんとさげまんの人口比率にも適用される。

あなたがどんなに配慮しても嫌われるのは、相手がさげまんだから。

あげまんは、潤いがある。

29

顔を見るとあげまんは一目瞭然だ。

あげまんの顔は必ず潤いがあるからだ。

さげまんの顔は必ずカサカサだ。

どんなに厚化粧をしても、あげまんとさげまんの溝は埋まらないのが悲しい現実だ。

勘違いしてはならないが、美人か不美人かがあげまんとさげまんの違いではない。顔に潤いがあるか否かがあげまんとさげまんの決定的な違いなのだ。

私はこの違いに気づかされてから、あげまんたちに個別インタビューしまくったものだ。

その結果、次の三つの共通点が浮き彫りになった。

まず、朝と入浴後にシンプルなゲルクリームを薄く塗る習慣があった。

特別に高級というわけではなく、誰でも定期的に購入できる程度の価格だ。

こうしておくと常に潤いを保てて、化粧のノリもすこぶるいいということだった。

次に、野菜を山盛り食べるということだった。

決してベジタリアンということではなく、肉も魚も穀物も普通に食べるのだが、野菜は欠かさず大量に食べるということだ。

こうしておくと体の内面から健康的に潤うことができるのだろう。

最後に、毎日欠かさず鏡を見ながら笑顔の練習をしていたということだった。それも真剣に笑顔の研究をして日々の筋トレとして表情を鍛えていたのだ。

とりわけ、あげまんたちは口角を下げることに対して嫌悪感を抱いているようで、怒っている最中でも常に口角は上がっていたものだ。

本物の潤いというのは肌の美しさのみならず、表情の美しさによって完成されるのだと気づかされたものだ。

翻って、あなたはどうだろうか。

カサカサの肌を隠蔽しようと、必死に厚化粧でごまかしてはいないだろうか。カサカサの肌を厚化粧で隠蔽すると、ますます肌が汚く見えることを教えてくれる人がさげまんの間ではきっと少ないのだろう。

あるいはダイエットばかりして、内面から肌をカサカサにしてはいないだろうか。

単に細ければいいというものではなく、健康的でなければ男性は魅力を感じないものだ。

これを読んでいる間にも無意識のうちにあなたの口角は下がってはいないだろうか。

自分の表情は自分のためにあるのではなく、他人に見せるためにあるのだ。

本物の美しさは、表情によって完成される。
怒っているときでも口角が上がっているあげまんになれ。

あげまんは、出不精。

30

あなたは驚くかもしれないが、あげまんは出不精だ。

いつもあちこちに外出しまくっている女性は、活発でデキる女に見えるかもしれないがそれはとんでもない誤解だ。

あちこち外出しまくっているということは、典型的なさげまんだ。

単に自宅の居心地が悪いから外に逃げ出したくなるだけなのだ。

自宅の居心地が悪いのは、さげまん菌が蔓延しているからだ。

年中旅行に出かけて遊んでいることを必死にアピールするさげまんは、それだけ自宅が地獄だと無意識に告白しているのだ。

さげまんは自分でも気づかないくらいに、さげまん菌で窒息寸前なのだ。

あげまんにとって自宅は運気の充電器だ。

休日には外出するのではなく、自宅でたっぷりと運気を充電する。

あげまんにとっては自宅が最高に居心地のいい場所であって、わざわざ外に現実逃避に出かける理由など、どこにもないのだ。

ホテルの喫茶ラウンジよりも自宅の書斎のほうがずっとお洒落で隣のテー

ブルの声も聞こえないから、仕事の打ち合わせも自宅で済ませたほうがはかどるのだ。

癒しスポットにわざわざ出かけなくても、自宅そのものが癒しスポットなのだ。

もちろんあげまんだって旅行することもあれば、ホテルやレストランに出かけることもある。

トータルで見れば、さげまんとは桁違いに素敵なスポットに直《じか》に足を運んでいるだろう。

だが基本スタンスとして一番幸せな場所はダントツで自宅なのだ。

ハワイでもパリでもドバイでもなく、自宅こそが世界で最高の場所なのだ。

あげまんがハワイやパリやドバイに出かけるのは、溢れ出んばかりに満たされた自分の運気を大切な人に分け与えるためなのだ。

これに対してさげまんは、あちこち外出しながら溢れんばかりのさげまん菌を世界中に撒き散らしている。

雑誌に取り上げられたせっかくの癒しスポットも、世界中のさげまんが群がってくると、一瞬にしてさげまんスポットと化してしまう。

もしあなたが出不精だとすれば、あげまんの可能性が高い。

無理に引き籠る必要はないが、自宅を一番癒される場にするのはあげまんたちの常識だ。


自宅こそ、運気の充電器と言えるようにしろ。

同時に自宅そのものを癒しスポットにするのだ。

それが運気を上げるポイントだ。

あげまんは、婚活しない。

31

世の中の大原則として、すべては進化している。

人間社会もその例外ではなく、常に進化し続けている。

つまりさげまんにとって居心地の悪い世界になっていくというのは、自然の摂理なのだ。

その氷山の一角が婚活女性だ。

結婚したくても結婚できない女性たちが群がって、血眼になってパートナーを探すのが婚活だ。

率直に申し上げてモテない女性たちが婚活をしている。

少なくとも自分の理想とする男性と自力で出逢えない女性たちが婚活をしている。

婚活女性はさげまん集団だ。

これは婚活コンサルタントなる職業のそれぞれ別の三人から聞き出した共通の見解だ。

別にさげまんだって結婚してもいいし、子どもを産んで育ててもいい。

もちろん家庭を築いてもいい。

人間である以上、それらは平等に与えられた当然の権利だ。

だが婚活する女性がさげまんだという事実だけは揺るがないのだ。

さげまんにとって結婚は人生のピークであり、終着駅だ。

結婚さえできれば、あとは人生どうにでもなると思っている。

だからさげまんが結婚して子どもを産むと、ふんぞり返って近所を闊歩《かっぽ》するはずだ。餌食になった男性からは生気を全部吸い取って、自分だけがぶくぶく太っていく。

そしてすっかり生気を吸い取られた男性は急に老けこんで早死にするが、さげまん妻は図太く生き延びる。

男性にしてみれば、さげまんとの結婚は人生の墓場だったのだ。

これがさげまんの恐ろしさだ。

一方あげまんにとって結婚は本質ではないから、婚活には無関心だ。

さげまんには1億年経っても理解できないだろうが、あげまんは「これだ！」と電流が走った遺伝子に出逢った瞬間、たとえ結婚できなくても自分の運気を分け与える。

だからあげまんには生涯独身を貫く女性も多い。

偉人たちの裏話を勉強していくと、正妻がさげまんで妾があげまんということが多い。

さげまんの正妻とは別居し、あげまんの愛人からひたすら運気をもらっていたのだ。

結婚は所詮人間がこしらえた制度だがあげまんの存在は宇宙の真理なのだ。

結婚は本質ではない。もちろんしてもいい。
男も女も、自分の信じた道を生きろ。
それが宇宙の真理だ。

32

あげまんがさげまんになること
とはあっても、さげまんがあ
げまんになることはない。

あげまんとさげまんについては、これまでに多くの人が多くの意見を語り尽くしてきた。

その中でとりわけ伏せられてきたタブーを強調しておきたい。

それは「生来のあげまん↓さげまん」になることはよくあっても、「生来のさげまん↓あげまん」になることはないという事実だ。

こんな事実を公開すると、さげまんとしては浮かばれないかもしれない。

だが事実を隠蔽しても誰も幸せにはなれない。

まず事実を受容することからすべては始まる。

そして事実を受容した人にだけ、伝えたいことがある。

こうして本を読むあなたは、もともとあげまんだということだ。

根っからのさげまんは本なんて読むはずがない。

本を読んで自分を成長させようとする発想が、そもそも存在しないのがさげまんなのだ。

大切なのはあげまんからさげまんに降格した人が、もう一度あげまんに昇格するためにどうすればいいのかという話である。

そのために私はこうして本を書いているのだ。

本書で述べてきたさげまん項目についてあなたが一つでもドキッとしたことがあれば、確実にさげまん菌に感染している。

まずその事実を受容することだ。

次にあげまんの項目についてあなたができていないことを一つずつ試していくのだ。

それだけであなたは再びあげまんに昇格することができるはずだ。

最後に絶対に忘れてはいけないことがある。

生来のさげまんをあげまんにしようとあなたから声をかけないことだ。

本書を読んで自分の母親は生来のさげまんだと気づくかもしれない。

本書を読んで自分の妻は生来のさげまんだと気づくかもしれない。

本書を読んで自分の彼女は生来のさげまんだと気づくかもしれない。

もしハッキリしないなら、本書のあげまんとさげまんの項目だけでも見せればいい。

さげまんなら、怒り心頭に発するかバカにして相手にしないふりをするはずだ。

もうこれ以上そのさげまんとは関わらないことだ。

関われば関わるほどに、確実にあなたもさげまん菌に侵されてしまう。

さげまんに関わらない第一歩は、とりあえず別居することから始まる。

本を読む人は、あげまんの素質がある。
その時点で、人生を大きく上昇させる可能性があるのだ。

PART 5

孤高に輝くと、人生はこんなに楽しい

33

コンテンツの時代とは、個人の時代のことだ。

10年以上前だったと思うが、私がコンサルティング会社で勤務していた頃、コンテンツチームというのが新しく設置された。

当時は「うわー、だっせー」と思ったが、今から考えるとあれは結構いいネーミングだったと思う。

今ではコンテンツ、コンテンツと猫も杓子《しゃくし》も騒いでいるが、あなたはその本当の意味を真剣に考えたことがあるだろうか。

コンテンツとは中身ということだ。

要は優れた中身を構築すれば、年齢・性別・職業・社会的地位・国籍問わずあちこちに発信しながら、あなたは無限の富を築けますよというとんでもないチャンスが到来したということだ。

一流のコンテンツを発信できる人であれば、大企業で呑気にサラリーマンなどやってはいられないのだ。

例えばビジネス書といえば、今から20年前には立派な学者やカリスマ経営者が書くものだと相場は決まっていた。

ところが今はどうだろう。

立派な人もいるにはいるが、サラリーマンもろくに勤まらない人やリストラされた人、あるいはニートや引き籠りだった人までがビジネス書の著者になっている。

昔は大企業の社長だってビジネス書の著者になるのは難しかったが、今はコンテンツさえあれば誰もが本の著者になれる時代なのだ。

これはサラリーマンである出版社の編集者も同じだ。

私がこれまでに出逢って飛び切り優秀だったり、業界で名を馳せたりしたような人材は100％独立している。

例外はない。

市場をつかむ企画力に加え、著者たちとの太いパイプを彼らのコンテンツとするならば、もはや会社の出世競争などというちっぽけな土俵からは飛び出さざるを得ないのだ。

これからは孤高の個人が猛烈に輝き、冴えないその他大勢がサラリーマン課長にすらなれずに人生を終える時代なのだ。

超一流のコンテンツを発信できる個人には、いかなる大企業も頭を下げざるを得ない。

一流のコンテンツを発信できるなら、呑気に群れている場合ではない。次代を創れ！

34

成功したければ、つべこべ言わず独りぼっちになることだ。

私はこれまでに独立した人を多数見届けてきた。

私自身も独立したが、知り合いの中ではほぼ最後だった。

独立した人たちを観察していると、成功者と失敗者にはそれぞれこんな特徴があった。

成功者は独りでスタートした。

失敗者は群れてスタートした。

それだけの違いだった。

もちろん群れてスタートした人で継続している人もいるにはいるが、どんどん冴えなくなっている。

それもそのはず。

もともと冴えない者同士で群がっていたのだから。

否、冴えないからこそサラリーマン時代に勤めていた会社の縮小版として群がっていたのだ。

それに対して、輝いている人の多くは独りでスタートしていた。

創業まもない頃の事務所を何人かに見せてもらったが、領収書を大学ノートに貼ったり、経理の帳簿を手書きでつけていたりしたのを見て私は興奮したものだ。

これぞ真の挑戦者だと思った。

そして独りでスタートした彼らは、やはり商売を繁盛させている。群れてスタートした連中とは、もはやタメ口を利《き》けないレベルに到達した人物もいる。

もし桁違いの成功をしたければ、最初から群れてはいけないことを痛感したものだ。

独立とは、文字通り独りで立つことだと確信した。

もしあなたも成功したければ、ちゃんと独りで立つことだ。

怖いからといって、あちこちに声をかけてはいけない。

最低でも5年間はサラリーマン時代の人脈を断《た》つくらいの覚悟が必要だ。

サラリーマンとして成功したくても、これは同じだ。

いつまでも群れていては、絶対にサラリーマンで出世することはできない。独りぼっちだから必ずサラリーマン社長になれるわけではないが、群れている連中からサラリーマン社長が生まれることだけはない。

実際にやってみればわかるが、独りで立つということは寂しいことなんかではなく、清々しいものだ。

独りで立つということは、寂しいことではない。
清々しいものだ。
やってみてはじめてわかる。

孤独が寂しいのは、
あなたが弱者だから。

35

独りぼっちになることのメリットはわかるけど、そうはいってもやっぱり寂しいという人がいる。

寂しい理由は簡単だ。

あなたが弱者だからだ。

つい数千年前までは、弱者は強者の気分次第でいとも簡単に殺されていた存在だ。

今は弱者も堂々と自分の意見を述べられるし、それどころか勘違いして強者に向かって盾突《たてつ》くくらいだ。

弱者にとっては実に素晴らしい時代になったと感謝すべきだが、それでも弱者は未熟であることには変わりがない。

いざとなったら弱者は媚びるし、すぐに裏切るから仲間割れもしやすい。

強者が架空の敵をつくってやると、面白いように弱者は群がってきて一致団結し始める。これはネット上でも現実社会でも同じだ。

とにかく弱者はお手軽にコントロールしやすいのだ。

ここを見事に突いたビジネスも存在し、暴利を貪《むさぼ》ることができている。

弱者は非力で寂しぃから、いつも群がっては団結して「エイエイオー!」と叫びたくてたまらない本能があるのだ。

もしあなたが弱者である自覚があるのなら、確実に弱者から卒業できるだろう。なぜなら、弱者は自分が弱者であることを認めたがらないのが最大の特徴だからである。

弱者から強者への道を歩むためには、自分が弱者と認めることからスタートするのだ。

弱者から強者への階段を上がるためには、今いる場所で輝くことだ。

今いる場所で輝くことが、強者になる最短コースだ。

もし今いる場所でどうしても輝けないのならば、今いる場所を飛び出すことだ。

そして自分が輝ける場所で勝負することだ。

自分が輝ける場所とは、あなたの憧れの場所でも社会的に認められる場所でもない。他人の半分の努力で倍以上の成果をあげられる場所こそが、あなたの輝ける場所だ。

これまでの自分の人生を振り返って、楽々勝てそうな場所を命がけで思い出すことだ。

そして楽々勝てそうな場所で、とことん勝ち続けることだ。

そうすればあなたは必ず強者になって、群がることに耐えられなくなるはずだ。

あなたも強者になれば一瞬でわかるが、弱者に群がられるのは苦痛なのだ。

自分が弱者だという自覚がある人は、
確実にそこから卒業できる。
まずは認めることからスタートしよう。

強者を目指すということは、弱者たちから嫌われる道を選ぶということだ。

36

あなたは強者になりたいだろうか。

もしあなたが強者の道を選ぶなら、圧倒的多数の弱者から嫌われる道を選ぶことになるということだけは知っておこう。

特に今のあなたが弱者で、周囲も弱者だらけというのなら間違いなく酷いバッシングを受けるはずだ。

これだけ覚えておけば、弱者から強者への脱皮の心構えは大丈夫だ。

弱者の世界では当たり前とされた常識の多くが、強者の世界では非常識になる。

弱者は批判してノホホンとしていればよかったが、強者は批判される側になる。

弱者はもらう分際で「少ない！」と吠えていればよかったが、強者は与えても「少ない！」と吠えられる側になる。

弱者は強者に認めてもらう立場だったが、強者は弱者を認めてあげる立場になる。

それでは強者になるメリットは何もないのではないかと、弱者は思うかもしれない。

そんなことはない。

その証拠に、一度強者になった人が落ちぶれて弱者になると自殺してしまう人があとを絶たない。自殺の理由は簡単だ。

もう一度弱者に戻るくらいなら、死んだほうがマシだと文字通り自分の命をかけてまで証明してくれているのだ。

そのくらい強者になると楽しいということだ。

これに限らず、一代で財を築き上げた大富豪たちも似たようなことを述べている。

「お金がすべてではないが、もう二度と貧乏にだけは戻りたくない」

「貧乏人に戻るなら、死んだほうがマシだ」

どうやらお金持ちたちは一般人の想像を絶するような幸せな人生を歩んでいるようだ。

ひょっとしたら強者やお金持ちのこうした言動にあなたはムカムカするかもしれない。

だがあなたがムカムカしたのはあなたが弱者だからだ。強者たちは強者たち同士でお互いに堂々と自慢し合うし、堂々と批判し合う。

弱者たちは弱者たち同士でこっそりしょうもない自慢をするし、お互いのいない場所でヒソヒソと批判し合う。

強者と弱者では何から何まで対極だが、どちらでもあなたが好きなコースを選べばいい。

弱者の常識は、強者の世界では非常識になる。
一度強者の味を知ると、もう元には戻れない。

孤高に輝くと、実年齢より若返る。

37

あなたの周囲にいる楽しそうに淡々と成功し続けている人たちを見てみよう。

実年齢より10歳ほど若く見えるはずだ。

ここで大切なことは、〝楽しそうに〟成功しているという点だ。

苦労して成功した人は逆に10歳老けて見えるが、概してそういう成功は長続きしないものだ。

実は成功者と世間からよばれる人には、こうした苦労人が圧倒的に多い。

だが苦労人は揃いも揃って輝いておらず、逆に暗い雰囲気が漂っている。

こちらにも苦労が伝染しそうなくらいだ。

実際に苦労人の下で働くと、過酷な労働を強《し》いられる可能性が高い。

「俺も耐えてきた。お前らも耐えろ」というわけだ。

私は苦労人の苦労を心から認めるが、苦労人が成功者とは微塵も思わない。

楽しそうに淡々と成功している人たちは、例外なく孤高に輝いている。

孤高に輝く人たちは、どうしていずれも楽しそうなのか。

私は学生時代に将来本を書いて生きていこうと決めていたから、孤高に輝く作家たちをジャンル別に何人かピックアップした。

そうしたらある共通点が浮き彫りになってきた。

誰もが自分の好きな分野で、好きなように大量の本を書いていたということだ。

もはや売れるとか売れないとかの次元の話ではなく、次々と頭から溢れ出てきた内容をそのまま本にしている状態だった。

小説家の中には、「これは明らかに下書きだよね」と思えるような状態で本にしている作家もいて私は感激した。

孤高に輝く人たちは既存の模範解答の上ではなく、完全に自分の世界観のレールの上を単独で好き放題に走っていたのだ。

自分がわがままに生きているから、他人のわがままも許せる。

だから人間の幅ができて器が大きくなり、人とお金が集まってくるというわけだ。

変な苦労もしていないから斜に構えることもなく、ノンストレス人生で若返るのだ。
会社の経営者で孤高に輝いている人たちも、本質的にはこれと同じだった。
業界の模範解答に嫌悪感を抱き、自分の思い込みを模範解答にしようと努めていた。
自分の思い込みを模範解答にすることに成功すると、必ず人は若返っていくのだ。

苦労人の下で働いてはいけない。
他人のわがままも、
自分のわがままも許せる人生を歩め。

あなたが孤高に輝くと、別の土俵で孤高に輝く人と出逢う。

38

あなたがつまらない人に囲まれているのは、何よりもあなた自身がつまらないからだ。

あなたを囲んでいる人たちは、あなたのことを同様につまらない人だと100%思っている。それどころかあなたさえいなければ、もっと面白くなると思っているものだ。

あなたが三流の人に囲まれているのは、何よりもあなた自身が三流だからだ。

あなたを囲んでいる人たちは、あなたのことを三流の人だと100%思っている。それどころかあなたさえいなければ、二流くらいにはなれると思っているものだ。

これが人間関係の面白いところだ。

すべての人間関係は同じレベルの人同士で群がっていくようになっている。

自然の摂理である。

もしあなたがレベルを上げたいのであれば、つまらない人を隣に座らせないことだ。もしあなたがレベルを上げたいのであれば、三流の人を隣に座らせないことだ。

つまらない人や三流の人からは、勇気を持ってちゃんと嫌われることだ。これまでの人脈をいったん捨てると決断するのだ。

もちろん最初のうちは孤独になるだろう。

なぜなら魅力的な人や一流の人は、あなたのことを相手にするはずがないからだ。というよりあなたなど視野にすら入っていない。この世に存在しないのと同じだ。

だが孤独になるのは、レベルを上げるためにやらなければならない必要条件なのだ。

十分条件は孤独になって自分を磨き続けることだ。その辺の石ころだった自分を磨き続け、ダイヤモンドのように輝かせるのだ。

するとその輝きに気づいた別のダイヤモンドが近づいてくる。否、正確には間に人や会社を通して間接的にアプローチしてくることが多い。

あなたが孤高に輝いたから、別の土俵で輝いている人との出逢いが生まれるのだ。これが本当の出逢いというものだ。

よく「友だちは無名の若い頃につくっておけよ」「友だちができるのは20代までだよ」と言う人がいるが、それはつまらない人や三流の人たちの典型的な考え方だ。魅力的な人や一流の人たちは、凡人の知らないところで驚くほど繋がっているものだ。

もし凡人がうっかり一流の人の悪口を言おうものなら、目の前の一流の人の親友である可能性もあるから要注意だ。

人間関係は、常に同じレベルの人で群れている。
つまらない人や三流の人からは、
勇気を持って、ちゃんと嫌われろ。

39

孤高で輝く人は、群れで輝く人の10倍稼げる。

もしあなたが今の会社で年収５００万円稼ぐサラリーマンだとしたら、独立すると年収は三分の一になるというのは嘘だ。

実際には年収５０００万円になるかゼロになるかのいずれかだ。

すべてのサラリーマンにこれは当てはまる。

年収10倍になる人とゼロになる人の違いはハッキリしている。

会社の看板に寄りかかって生きているサラリーマンは、ゼロになる。

会社の看板が邪魔になってきたサラリーマンは、10倍になる。

これが誰も口にしなかった真実なのだ。

会社の看板に寄りかかって生きている意識は、多くのサラリーマンは薄いに違いない。

だがこうして本の執筆依頼をしてくる編集者が、どうして著者に会うことができるかといえば１００％会社の看板のおかげなのだ。

少なくとも会社の看板がなければ最初の1回目は門前払いになるのは間違いない。

会社の看板がなければ、迷惑極まりない飛び込み訪問と同じになってしまうのだ。

こんな状態で独立し、借金返済のためにまたサラリーマンに戻っている人は本当に多いのだ。

それに対して会社の看板が邪魔になってくるサラリーマンはどうだろうか。まずわざわざ自分から転職活動なんてしなくても、周囲から勝手に声がかかり始める。

「今の会社の倍払うからうちにこない？」

「君はいいけど、君の会社のブランドがネックになって役員会で企画が通らないんだよ」

あなたは冗談と思うかもしれないが、連日こうした声をかけられているサラリーマンは確実にいるのだ。

あなたが冗談と思うのは、あなたが会社の看板で飯を食っている証拠だ。

なんのことはない、独立して成功する人たちというのはすでに独立前から成功することが、あらかじめ決まっていただけなのだ。

独立して成功するコツとは、成功することを確信してからスピーディーに独立することなのだ。

思い切って独立すればなんとかなるというレベルの低い根性論ではないのだ。

会社の看板に寄りかかるのではなく、会社の看板がお荷物になってくるくらいに仕事で圧倒的な成果をあげて独立を選ぶ人生もある。


成功するコツは、成功を確信してから秒速で独り立ちをすること。

根性論など無縁の世界だ。

ピラミッド人生を選ぶと縦ジワが増え、雲上人生を選ぶと横ジワが増える。

40

人生には二つある。

ピラミッド人生と雲上人生だ。

ピラミッド人生とはまさにサラリーマン社会のことだ。

大きなピラミッドもあれば小さなピラミッドもある。

これは大企業もあれば中小企業もあるのと同じだ。

ピラミッドの中では参加者が一斉に底辺からスタートして、熾烈な競争を強いられる。

一部の勝者のみが頂点に近づき、美酒を口にすることが許される。

「自分はそんなつもりはない」

「自分の気の持ちようが大切だ」

そんな言葉がすぐに頭をよぎるのは、まさにあなたがピラミッド人生で洗脳されている奴隷の証拠なのだ。

なぜなら、昔から奴隷たちはそれらとまったく同じセリフで自分自身を正当化しながら、命がけでピラミッド人生を支えてきたからだ。

ピラミッド人生の頂点に居座る権力者からすると、自分自身を勝手に正当化してくれる奴隷ほど便利な存在はないのだ。

大きなピラミッドで頂点に立つにはたいてい40年かかり、もう戦い疲れてヘトヘトになっている。

ヘトヘトになるくらいならまだしも、40年かけて頂点はおろか、ピラミッドの中間や底辺、あるいは別の小さなピラミッドに飛ばされた奴隷たちは負け犬そのものだ。

ピラミッド人生で生涯を閉じた人の顔には、縦ジワが刻み込まれている。悩みに悩み、苦労に苦労を重ねてきたからだ。

これに対して、孤高の雲上人生を選ぶと下々のピラミッド人生とは無縁だ。文字通り地上1万メートルの雲の上は無風状態で台風や雷もなく、ただ穏やかなときが優雅に流れている。地上のピラミッド人生で繰り広げられている競争や騙し合いとは無縁なのだ。

雲上人生では下々のピラミッド人生でよく行われている愚痴・悪口・噂話

は存在せず、ひたすらお互いを認め合って微笑んでいるから顔に横ジワが刻まれる。

大切なことは、ピラミッドの頂点は永遠に雲の上に届かないという事実を知ることだ。

そして古代エジプト文明の頃とは違い、現代はあなたが人生を選ぶことができるのだ。

ピラミッドの上を目指すのも人生。
でも、どうせなら競争や騙し合いのない、
穏やかな孤高の雲上人生を歩んでみないか。

エピローグ

今日から、独りランチしよう。

孤独に生きる大切さはわかった。

孤高に輝くと人生はバラ色になるのもわかった。

では、あなたが今からできることとは何だろう。

今日から、独りランチをしてみればいいのだ。

大学の学生食堂で群れるのではなく、独り颯爽とお洒落なカフェに出かけてみよう。

社内食堂でお局様を囲むのではなく、独りで颯爽と隠れ家に出かけよう。

近所のラーメン屋の前でポケットに手を突っ込みながら同僚と行列に並ぶのではなく、あなただけ時間をずらして独りランチしてみよう。

必ず新しい発見があるはずだ。

今まで見えなかったものが見えてくるのだ。

最初は寂しく思うかもしれないが、他にも独りランチをしている人がいることに気づく。

群がってランチしていたときには気づかなかったかもしれないが、独りランチしている人はカッコいいのだ。
「自分もあんな風にカッコよく独りランチできるようになりたい！」
きっとあなたはそう思うはずだ。
独りランチがさまになっている人たちは、キョロキョロ周囲を見ないはずだ。
姿勢が美しく、服にもシワが寄っておらず、視線も落ち着いているだろう。
独りで輝くというのはそういうことなのだ。
反対に集団ランチをしている連中は、キョロキョロ周囲を見渡しているはずだ。
姿勢が醜く、服もシワだらけで、視線が落ち着かないのが特徴だ。
あなたはどちらの人と一緒に仕事をしたいと思うだろうか。
あなたはどちらの人と一緒に人生を送りたいと思うだろうか。
本書を読んでいるあなたなら、もう迷いはないはずだ。
人生は本当にひょんなきっかけで変わるのだ。

そしてひょんなきっかけというのは、マンネリの中で起こるのではない。
ひょんなきっかけはいつもマンネリを打破した瞬間に起こるのだ。
奇跡をつかみたければ、まず独りランチから始めよう。
運命の人に出逢いたければ、まず独りランチから始めよう。

千田琢哉

群れるな！
孤高に
輝いて生きてみろ！

〈総合法令出版〉
『20代のうちに知っておきたい お金のルール38』
『筋トレをする人は、なぜ、仕事で結果を出せるのか?』
『お金を稼ぐ人は、なぜ、筋トレをしているのか?』

〈ソフトバンク クリエイティブ〉
『人生でいちばん差がつく20代に気づいておきたいたった1つのこと』
『本物の自信を手に入れるシンプルな生き方を教えよう。』

〈ダイヤモンド社〉
『出世の教科書』

〈大和書房〉
『「我慢」と「成功」の法則』
『20代のうちに会っておくべき35人のひと』
『30代で頭角を現す69の習慣』
『孤独になれば、道は拓ける。』

〈宝島社〉
『死ぬまで悔いのない生き方をする45の言葉』
【共著】『20代でやっておきたい50の習慣』
『結局、仕事は気くばり』
『仕事がつらい時 元気になれる100の言葉』
『本を読んだ人だけがどんな時代も生き抜くことができる』
『本を読んだ人だけがどんな時代も稼ぐことができる』
『1秒で差がつく仕事の心得』
『仕事で「もうダメだ!」と思ったら最後に読む本』

〈ディスカヴァー・トゥエンティワン〉
『転職1年目の仕事術』

〈徳間書店〉
『一度、手に入れたら一生モノの幸運をつかむ50の習慣』
『想いがかなう、話し方』
『君は、奇跡を起こす準備ができているか。』

〈永岡書店〉
『就活で君を光らせる84の言葉』

〈ナナ・コーポレート・コミュニケーション〉
『15歳からはじめる成功哲学』

〈日本実業出版社〉
『「あなたから保険に入りたい」とお客様が殺到する保険代理店』
『社長!この「直言」が聴けますか?』
『こんなコンサルタントが会社をダメにする!』
『20代の勉強力で人生の伸びしろは決まる』
『人生で大切なことは、すべて「書店」で買える。』
『ギリギリまで動けない君の背中を押す言葉』
『あなたが落ちぶれたとき手を差しのべてくれる人は、友人ではない。』

〈日本文芸社〉
『何となく20代を過ごしてしまった人が30代で変わるための100の言葉』

〈ぱる出版〉
『学校で教わらなかった[20代の辞書]』
『教科書に載っていなかった[20代の哲学]』
『30代から輝きたい人が、20代で身につけておきたい「大人の流儀」』
『不器用でも愛される「自分ブランド」を磨く50の言葉』
『人生って、それに早く気づいた者勝ちなんだ!』
『挫折を乗り越えた人だけが口癖にする言葉』
『常識を破る勇気が道をひらく』
『読書をお金に換える技術』

〈PHP研究所〉
『「その他大勢のダメ社員」にならないために20代で知っておきたい100の言葉』
『もう一度会いたくなる人の仕事術』
『好きなことだけして生きていけ』
『お金と人を引き寄せる50の法則』
『人と比べないで生きていけ』
『たった1人との出逢いで人生が変わる人、10000人と出逢っても何も起きない人』
『友だちをつくるな』

〈マネジメント社〉
『継続的に売れるセールスパーソンの行動特性88』
『存続社長と潰す社長』
『尊敬される保険代理店』

〈三笠書房〉
『「大学時代」自分のために絶対やっておきたいこと』
『人は、恋愛でこそ磨かれる』
『仕事は好かれた分だけ、お金になる。』
『1万人との対話でわかった 人生が変わる100の口ぐせ』

千田琢哉著作リスト（2015年7月現在）

〈アイバス出版〉

『一生トップで駆け抜けつづけるために20代で身につけたい勉強の技法』

『一生イノベーションを起こしつづけるビジネスパーソンになるために20代で身につけたい読書の技法』

『1日に10冊の本を読み3日で1冊の本を書く ボクのインプット&アウトプット法』

『お金の9割は意欲とセンスだ』


〈あさ出版〉

『この悲惨な世の中でくじけないために20代で大切にしたい80のこと』

『30代で逆転する人、失速する人』

『君にはもうそんなことをしている時間は残されていない』

『あの人と一緒にいられる時間はもうそんなに長くない』

『印税で1億円稼ぐ』

『年収1,000万円に届く人、届かない人、超える人』

『いつだってマンガが人生の教科書だった』


〈朝日新聞出版〉

『仕事の答えは、すべて「童話」が教えてくれる。』


〈海竜社〉

『本音でシンプルに生きる！』

『誰よりもたくさん挑み、誰よりもたくさん負けろ！』


〈学研パブリッシング〉

『たった2分で凹みから立ち直る本』

『たった2分で、決断できる。』

『たった2分で、やる気を上げる本。』

『たった2分で、道は開ける。』

『たった2分で、自分を変える本。』

『たった2分で、自分を磨く。』

『たった2分で、夢を叶える本。』

『たった2分で、怒りを乗り越える本。』

『たった2分で、自信を手に入れる本。』

『私たちの人生の目的は終わりなき成長である』

『たった2分で、勇気を取り戻す本。』

『今日が、人生最後の日だったら。』

『たった2分で、自分を超える本。』


〈KADOKAWA〉

『君の眠れる才能を呼び覚ます50の習慣』

〈かんき出版〉
『死ぬまで仕事に困らないために20代で出逢っておきたい100の言葉』
『人生を最高に楽しむために20代で使ってはいけない100の言葉』
DVD『20代につけておかなければいけない力』
『20代で群れから抜け出すために顰蹙を買っても口にしておきたい100の言葉』
『20代の心構えが奇跡を生む』【CD付き】

〈きこ書房〉

『20代で伸びる人、沈む人』

『伸びる30代は、20代の頃より叱られる』

『仕事で悩んでいるあなたへ 経営コンサルタントから50の回答』


〈技術評論社〉

『顧客が倍増する魔法のハガキ術』


〈KKベストセラーズ〉

『20代 仕事に躓いた時に読む本』


〈廣済堂出版〉

『はじめて部下ができたときに読む本』

『「今」を変えるためにできること』

『「特別な人」と出逢うために』

『「不自由」からの脱出』

『もし君が、そのことについて悩んでいるのなら』

『その「ひと言」は、言ってはいけない』


〈実務教育出版〉

『ヒツジで終わる習慣、ライオンに変わる決断』


〈秀和システム〉

『将来の希望ゼロでもチカラがみなぎってくる63の気づき』


〈新日本保険新聞社〉

『勝つ保険代理店は、ここが違う！』


〈すばる舎〉

『断れる20代になりなさい！』

『今から、ふたりで「5年後のキミ」について話をしよう。』

『「どうせ変われない」とあなたが思うのは、「ありのままの自分」を受け容れたくないからだ』


〈星海社〉

『「やめること」からはじめなさい』

『「あたりまえ」からはじめなさい』

『「デキるふり」からはじめなさい』


〈青春出版社〉

『リーダーになる前に20代でインストールしておきたい大切な70のこと』

〈著者紹介〉

千田琢哉（せんだ・たくや）

文筆家。

愛知県犬山市生まれ、岐阜県各務原市育ち。

東北大学教育学部教育学科卒。日系損害保険会社本部、大手経営コンサルティング会社勤務を経て独立。コンサルティング会社では多くの業種業界における大型プロジェクトのリーダーとして戦略策定からその実行支援に至るまで陣頭指揮を執る。のべ3,300人のエグゼクティブと10,000人を超えるビジネスパーソンたちとの対話によって得た事実とそこで培った知恵を活かし、〝タブーへの挑戦で、次代を創る〟を自らのミッションとして執筆活動を行っている。

著書は本書で106冊目。

E-mail: info@senda-takuya.com
ホームページ:http://www.senda-takuya.com/

友だちをつくるな

2015年7月6日　第1版第1刷発行

著　者　千田琢哉
発行者　安藤　卓
発行所　株式会社PHP研究所

京都本部　〒601-8411　京都市南区西九条北ノ内町11
　　　　　生活文化出版部　☎075-681-9149（編集）
東京本部　〒102-8331　千代田区一番町21
　　　　　普及一部　☎03-3239-6233（販売）
PHP INTERFACE　http://www.php.co.jp/
組　版　株式会社デジカル
印刷所　図書印刷株式会社
製本所　東京美術紙工協業組合

ISBN978-4-569-82320-1

PHPの本

好きなことだけして生きていけ

千田琢哉 著

今の仕事が好きだと胸を張って言えるだろうか。好きなことを貫いてお金にしている人はどこが違うのか。誰でもできる50の習慣を紹介。

定価　本体一、三〇〇円（税別）